L'argile des voyous
　　　　　　The clay of the punks
　suivi de
J'incise le défi
　　　　　I incise the dare

Francis Coffinet

The Cricket Publisher of Aurora

Copyright © 2017 Francis Coffinet and James W. Haenlin

All rights reserved. No part of this publication may be reproduced, stored in a retrieval system, or transmitted, in any form or by any means electronic, chemical, optical, photocopying, recording, or otherwise without prior permission in writing from the publisher.

Published by
The Cricket Publisher of Aurora
261 Main Street, Aurora, NY 13026

ISBN-10: 0-9894972-6-7
ISBN-13: 978-0-9894972-6-8

Design: paperwork

L'argile des voyous

L'argile des voyous a paru initialement en 1993
aux Éditions Mont Analogue
Dirigées par Georges-André Vuaroqueaux

Nous entrions dans le bruissement
de la feuille et du drap

frais était notre exil

nous gravissions le tertre solaire des garçons
nous avancions vers le site ébloui.

D'un geste de la main

j'ai fait perler au ventre

l'écume des fils de la ville —

j'ai épuisé leurs mots

pour arriver au noyau de leur râle

et le rite d'Isaac s'est posé devant moi

dans une lenteur de rêve.

L'argile des voyous

C'était inscrit sur ton visage
en de multiples lieux de ton visage
la même phrase cryptée qui ne me quittait jamais
la même phrase
reproduite à chaque fois dans un ordre différent

"je crache mon venin dans l'axe de la terre."

Relation construite

relation détruite

Je serre ta gravité entre mes bras

j'ai tellement fait corps

tout commence à peine

là où tout se termine.

L'argile des voyous

Laisse filer le monde

aux galeries sombres de tes yeux

nous lirons dans l'iris

dans l'os strié de tes supplices.

S'imaginer une blessure profonde
c'est là qu'il faut poser tout le travail de l'homme
comme un baiser sur le front
dans le grand calme des cernes bleus

rien n'altère tes frissons
tes frissons n'altèrent rien.

L'argile des voyous

Un astre fait sa révolution en toi
fige tes silences et tes peurs

et du peu de lumière
qui traverse ta peau
j'apprends le vocable.

Nous sommes enfouis

dans la splendeur

dans le souffle du météore

et de la carotide

nous les enfants

à la lumière nouée

les enfants à la terrible violette.

L'argile des voyous

Les distances sont abolies
nos frères ont plongé leur regard dans la source
la fleur de l'oeil à peine cueillie
avec le feu dans un seul doigt
pointé vers les ambassades du vide.

Je vous sectionne

l'artère du cil

en nageur nocturne

je me glisse au rythme de l'aile

fil

flux

je voyage dans une lenteur nouvelle

le rêve ne suit plus

je respire à la fleur de votre poumon

je me lie à la racine de votre blessure

la nuit déserte la nuit

êtres de la terre

je vis à aimer votre temps.

L'argile des voyous

Quelques levers de Terre

ont franchi la mémoire

là n'intervient plus

que la mathématique suprême des lys et des voix

le monde de l'image et de la cendre

tout semble réduit à l'état de poudre

un grain d'exil sous la paupière

nous aide à fermer l'oeil.

L'aube mugit

ô les gisements de la douleur

il marche vers moi

son soleil comme une dague

tachycardie des anges.

L'argile des voyous

Il glisse dans ma bouche

ses dérives

l'entaille de son prénom

le lait acide de quelques herbes

minutieux trafic.

J'incise le défi

I incise the dare

Francis Coffinet

J'incise le défi a paru initialement en 2001
dans le second numéro de la revue *Orpheus*
dirigée par Jean-Pierre Attal.
Les Éditions du Mauvais Pas
en ont donné au printemps 2008
une édition à tirage limité
accompagnée de quatre lithographies de
Jérémy Chabaud.

La nuit, les lentes caravelles
sortent de l'arcade sourcilière

sur chacune d'elles, debout,
l'un de nos ancêtres.

À flancs ouverts

on part dans les tissus humains

pays de cataractes

on entend le vent souffler à l'intérieur des os

avant qu'ils ne se rompent —

sous une neige

une autre neige plus tôt venue

sous une vie

la forme longue de nos nuits.

Tu as la pupille muette

comme un désert de lave

toi, c'est par l'angle externe de l'oeil que je t'aborde

lorsque le froid rougit ta peau

lorsque le flux de ton sang glisse sous tes joues

et que loin,

très loin, tes mains pillent l'alphabet des anges.

Je serre mes lendemains contre moi

comme des buissons de roses —

je croise aux antipodes

mon destin suit exactement la courbure de tes épaules

j'ai le front divisé par la lumière rasante du matin —

ici, tout n'est que littoral

et le sable se lève comme se lève le jour.

J'incise le défi

J'ai creusé un étroit tunnel sous la vie

et je refais le voyage

le corps maintenant, comme la voix,

                prend le temps de dire —

j'entre dans le rituel des moindres certitudes

nuit après nuit

pli après pli

J'écarte le combat

et j'incise le défi.

Du baiser qui couvrait le cycle des marées

jusqu'au vol géostationnaire

nous aurons tout expérimenté.

J'incise le défi

Matière du Corps

Tout dire : il y faut du talent, autant que du courage. Il faut aussi s'insinuer au plus près de la matière et du corps. Pour que la marque, la coupure, l'incision soit nette et lumineuse, ou surtout définitive dans son énonciation. Le trait des mots doit être unique en son geste, à la manière du trait de pinceau de la peinture d'encre japonaise. Cela, Francis Coffinet l'a érigé en style, dont le tranchant acéré est le point des rencontres et des fusions entre l'intime du corps et de la conscience et l'immense du monde et du temps. Cette écriture est singulière, non par volonté de se distinguer, mais par nécessité inhérente aux expériences vécues et aux questionnements qu'elles entrainent dans leur suite (ou leur prolongement dans la conscience). L'écriture est écriture du corps; il lui faut prendre en charge la matière du corps, et celle du geste sans quoi le corps ne serait au plus que concept. Effleurement, étreinte, regard, palpitations du sang, transparence de la peau. Le poème le dira, quitte à ce que ce soit au prix d'un arrangement terrible, comme l'est celui de la parole qui ne peut faire autrement que de disjoindre d'abord, d'inciser, pour mieux restituer le flux de vie dans sa réalité, le courant spécifique de l'instant. Il y a une certaine cruauté à écrire sans laquelle il ne resterait qu'insipides et tout au plus jolies conventions. Le poème sectionne, creuse, divise et serre. Il le fait en ménageant toujours cet espace de blanc dans lequel tout ne peut qu'apparaître et se reconstruire en son mouvement. Chaque vers, qu'il faut entendre, exige sa pause de silence pour résonner tout à fait et pour prendre chair. Chaque vers est comme cette argile ou cette glaise ou cette terre dont selon les anciens tout ce qui vit était constitué. C'est cela me semble-t-il que Francis Coffinet pétrit et trace dans ses paroles, dans la retenue tendue de ses paroles.

Emmanuel Malherbet

The clay of the punks
         L'argile des voyous
FOLLOWED BY
I incise the dare
         J'incise le défi

Francis Coffinet
Translated by James W. Haenlin

L'argile des voyous first appeared in 1993
From Editions Mont Analogue
Edited by Georges-André Vuaroqueaux

It was then accompanied by *J'incise le défi*
from Éditions Alidades in 2008
Edited by Emmanuel Malherbet
in a second French edition

The clay of the punks

We entered into the rustling

of the leaf and the sheet

cool was our exile

we scaled the solar knoll of the boys

we advanced toward the bedazzled site.

The clay of the punks

With a wave of the hand

I brought bubbling to the belly

the froth of the sons of the city—

I wore out their words

to attain the kernel of their rale

and the rite of Isaac came to rest before me

in a slowness of dreams.

It was written on your face

in multiple places of your face

the same encrypted phrase that never left me

the same phrase

reproduced each time in a different order

"I spit my venom on the axis of the earth."

The clay of the punks

Relation constructed

relation destroyed

I hug your gravity in my arms

I have been such an integral part

it all barely begins

there where it all ends.

Let the world slip away

in the dark galleries of your eyes

we will read in the iris

in the striated bone of your martyrdom.

The clay of the punks

Imagine a deep wound

that's where one must lay down the whole work of man

like a kiss on the brow

in the deep calm of the blue dark eye shadows

nothing alters your trembling

your trembling alters nothing.

A star completes its revolution within you

freezes your silences and your fears

and in the skimpy light

that emanates from your skin

I learn the vocable.

The clay of the punks

We are embedded

in splendor

in the breath of the meteor

and the carotid

we the children

of the knotted light

the children of the frightful violet.

Distances are abolished

our brothers have plunged their glance into the spring

the bloom of the eye barely culled

with the fire in a single finger

pointing at the embassies of the void.

The clay of the punks

I slice open

your eyelash artery

as a nocturnal swimmer

I slide in on the beat of the wing

thread

flux

I travel within a new slowness

the dream does not keep pace

I inhale at the flower of your lung

I tie myself to the root of your wound

the night deserts the night

beings of the earth

I live but for the love of your times.

A few Earth risings

have crossed the memory

there nothing intervenes

but the supreme mathematics of the lily and the voices

the world of the image and the ash

all seems reduced to a state of powder

a speck of exile beneath the eyelid

helps us close the eye.

The clay of the punks

The dawn lows

oh the veins of pain

he walks toward me

his sun like a dagger

tachycardia of angels.

He slides into my mouth

his drifts

the gash of his name

the acidic milk of a few blades of grass

meticulous traffic.

The clay of the punks

I Incise the Dare

I incise the dare appeared itinitially in 2001
In the second number of the revue *Orpheus*
Edited by Jean-Pierre Attal
Éditions du Mauvais Pas
published in Spring 2008 a limited edition
Accompanied by four lithographs of Jérémy Chabaud

At night, the slow caravels

leave the eyebrow's arcade

on each of them, upright,

one of our ancestors.

With flanks once opened

we make our way into the human tissue

land of cataracts

we hear the wind whistling inside the bones

before they break —

under a snow

another snow fallen earlier

beneath a life

the long form of our nights.

I incise the dare

Your pupil is mute

like a desert of lava

you, by the external angle of the eye I approach you

when the cold reddens your skin

when the flow of your blood slides beneath your cheeks

and when far,

so far, your hands pillage the alphabet of the angels.

I hug my tomorrows against me

like rose bushes —

I cruise the antipodes

my destiny follows exactly the curve of your shoulders

my forehead divided by the angling light of morning—

here, all is but littoral

and the sand rises like the day rises.

I incise the dare

I carved a narrow tunnel under life

and I repeat the voyage

the body now, like the voice,

takes the time to tell —

I enter into the ritual of least certainties

night after night

fold after fold

I set the battle aside

and I incise the dare.

From the kiss that covered the cycle of the tides

right up to the geostationary flight

we will have experienced everything.

Body Matter

Tell everything: one needs talent as well as courage. One must also insinuate oneself as closely as possible to the matter and the body. In order that the mark, the cut, the incision be clean and luminous, or above all, definitive in its statement. The line of the words needs to be unique in its gesture, like the line of the brush in a Japanese ink painting. This, Francis Coffinet has handled in style, so that the sharp edge is the meeting point and the fusion between the intimacy of the body and the conscience and the immensity of the world and of time. His writing is singular, not through the desire to distinguish itself but by the necessity inherent in the experiences lived and the questioning that they entail in their consequences (or their prolongation in the conscience). The writing is a writing of the body; it needs to take charge of the matter of the body, and that of the gesture without which the body would be merely a concept. Touch, embrace, look, beating of the blood, transparence of the skin. The poem will say it, even at the price of a terrible bargain, such as that of its text which can do nothing other than to sever, to incise, the better to restore the flow of life in all its reality, the precise current of the instant. There is a certain cruelty in writing without which there would remain only insipid and at most lovely conventions. The poem splits, carves, divides and clenches. It does this by sparing at all times this space of whiteness in which everything can but appear and reconstruct itself in its movement. Each verse, which must be heard, demands its pause of silence in order to completely resonate and be made flesh. Each verse is like that clay or that loam, that earth of which, according to the ancients, all that lives is constituted. It is this, it seems to me, that Francis Coffinet kneads and plots with his words; in the strained restraint of his words.

Emmanuel Malherbet

Du même auteur

Le corps s'occulte, Brandes avec une eau forte d'Anne-Marie Soulcié
Instants, Brandes avec une linogravure de laurent Debut
D'air et de boue, Les Cahiers Bleus
La terre et la tempe, Les Cahiers Bleus bilingue franco/bulgare – traduction de Nicolaï Kantchev
Une aiguille dans le cœur, Le Givre de l'Éclair
Contre le front du temps, Le Mont Analogue
L'argile des voyous, Le Mont Analogue
Marche sur le continent en veille, Les Cahiers Bleus bilingue franco/roumain – traduction d'Horia Badescu préface de Salah Stétié – frontispice de Jérôme Sterbecq
Les armes du silence, L. Mauguin
Aux effluves comme aux estuaires, Le Givre de l' Éclair
Épreuves chamaniques, Alidades
Les fleuves du sixième sens, Dumerchez
Je suis allé au soufre natif, zurfluh / les Cahiers Bleus
Les ambassades du vide, L' Oreille du Loup
L'argile des voyous suivi de ***J'incise le défi*** (nouvelle édition) – Alidades
La nuit triangulaire – Alidades
Voyageurs des sept songes – Alidades
Selected Poems in translation – in TRANSOM 10 – transomjournal.com

Adaptation en français de ***Printemps et Ashura*** de Kenji Miyazawa (traduction de Françoise Lecoeur) Fata Morgana

Livres d'artiste :

Une fleur sous l'acide, avec Jean-Pierre Thomas

En une seule nuit / La tiédeur des formes / La mystique du rossignol / Brocéliande Quatre livrets numérotés, manuscrits et peints par J.P. Thomas, collection *Papillons*

Ligne de vie en Rizhome – gravures de Thérèse Boucraut

Une grande résolution vibrée / Un champ de sel où tu te roules / La table des simples
Livres créés et peints par J.P. Thomas collections *Éventails Mallarmé*

J'incise le défi, Editions du Mauvais Pas avec quatre lithographies de Jérémy Chabaud

J'éveille les dormants et ***Je dose le diamant*** avec J.P. Thomas *Le Livre Pauvre* (Daniel Leuwers)

Aux effluves comme aux estuaires, aquarelles d'Eva Wellesz Carré, Transignum

J'ouvre les solitaires dans leur longueur, peinture de Gérard Serée, Atelier Gestes et Traces

Un requiem dans le viseur, Ouvrage d'artiste publié dans la collection des « livres ardoises »
Édition Transignum (avec Wanda Mihuléac)

Je lis ton histoire à travers la finesse de tes paupières – traduction de François Bruzzo

(Leggo la tua storia attraverso la sottigliezza delle tue palpebre)
Avec une œuvre originale de Giusto Pilan
Éditions franco-italiennes Cinigie (tirage limité)

Perfusion d'obscur
Avec six photographies de Mireille Pélindé Rian – 170 exemplaires numérotés.

Édition Le Frau / Odile fix – Reprographie esat-cat
Clermond-Ferrand

Lumière venue par consentement – (tirage limité) – collages originaux de Max Partezana (Paris – Arcachon)

www.ingramcontent.com/pod-product-compliance
Lightning Source LLC
Chambersburg PA
CBHW022121090426
42743CB00008B/952